# LE BANDEAU,

COMÉDIE-VAUDEVILLE.

# LE BANDEAU,

## COMÉDIE-VAUDEVILLE

**EN UN ACTE,**

Par MM. Bouilly et Em. Vanderburch,

REPRÉSENTÉE POUR LA PREMIÈRE FOIS
SUR LE THÉATRE DU GYMNASE DRAMATIQUE,
LE 21 MAI 1832.

PRIX : 1 FR. 50 C.

PARIS.

J.-N. BARBA, LIBRAIRE,
PALAIS ROYAL, GRANDE COUR,
DERRIÈRE LE THÉATRE FRANÇAIS.

1832

| PERSONNAGES. | ACTEURS. |
|---|---|
| M. LAPLACE, notaire à Montargis. | M. Firmin. |
| Le comte DE SAINT-VALERY, officier supérieur de cavalerie. | M. Allan. |
| La baronne Amélie D'ERVILLIERS, jeune veuve. | Mlle Léontine Fay. |
| Joseph ROBINET, domestique de M. Laplace. | M. Sylvestre.<br>M. Klein. |
| Un Clerc. | M. Doisy. |

La scène se passe à Montargis, chez M. Laplace.

*Nota.* Les personnages sont placés en tête de chaque scène comme ils doivent l'être au théâtre ; le premier inscrit est à la gauche du spectateur. Les changemens sont indiqués par des notes au bas des pages.

S'adresser, pour la musique de cette pièce, et pour celle de tous les ouvrages qui composent le répertoire du Gymnase, à M. Hormille, chef d'orchestre à ce théâtre.

IMPRIMERIE DE E. DUVERGER, RUE DE VERNEUIL, N° 4.

# LE BANDEAU,

## COMÉDIE-VAUDEVILLE.

Le théâtre représente un cabinet de notaire de province, meublé dans le goût moderne : porte au fond ; elle conduit à l'étude : deux portes latérales ; dans l'angle, à droite, une croisée donnant sur des jardins.

## SCENE PREMIERE.

M. LAPLACE, *seul, assis à son bureau placé à la gauche de l'acteur, feuilletant des papiers ;* UN CLERC, *entrant par la porte du fond.*

LE CLERC.

Monsieur de Brémont fils fait demander à quelle heure monsieur le notaire veut bien le recevoir.

LAPLACE, *distrait.*

Brémont ! quel Brémont ? Ah ! j'y suis... pauvre jeune homme ! je n'ai que de tristes nouvelles à lui annoncer. Une affaire importante m'occupe toute la matinée ; faites mes excuses, je serai à lui de deux à trois heures.

LE CLERC.

Il suffit. (*Il sort et referme la porte.*)

LAPLACE, *reprenant ses papiers.*

Quelle folie ! je ne sais pas, en vérité, si je dois m'y prêter : moi, notaire ; moi, homme public ! cela peut me compromettre, me rendre ridicule dans tout le département... Diable ! diable ! le décorum avant tout ; j'ai fait vœu de gravité en achetant ma charge, et en versant mon cautionnement. Eh bien ! oui ; mais voilà le contrat de mariage en bonne forme, tout dressé dans mon étude : il n'y manque que les signatures ; et renoncer à une liquidation de sept cent mille francs, est plus ridicule encore que de se prêter pour une heure à la fantaisie romanesque de deux jeunes têtes folles ; et puis, comment résister aux instances d'un ami de vingt-cinq ans ? Un homme titré, un conseiller d'état qui m'appelle son cher camarade ? relisons donc sa lettre, qu'au premier aperçu j'ai prise pour un conte fantastique. (*Il lit.*) « Mon cher camarade. » — C'est toujours très flatteur. — « Vous savez que vous êtes chargé de « liquider tout ce qui concerne la succession de feu le vicomte « de Sommereuil, mon beau-frère ; ce que vous savez encore, « par les clauses du testament, c'est qu'il laisse ses biens en « partage, meubles et immeubles, au jeune comte de Saint-« Valery et à la jeune baronne d'Ervilliers ses seuls collaté-« raux. Nos deux cohéritiers ne se connaissent que de réputa-« tion : Amélie était restée près de son oncle mourant, dans un « vieux manoir des Alpes. Le comte tenait garnison en Breta-« gne. On s'écrivit d'abord des lettres où l'on faisait assaut de « politesse et de désintéressement : on en vint bientôt aux épî-« tres amoureuses ; et tel fut le charme de cette correspon-« dance, que l'héritage ne fut plus qu'un prétexte pour s'écrire, « s'aimer, s'adorer. On en est venu à se jurer une constance « éternelle. Bref, il ne s'agit rien moins que de s'épouser ; mais « s'épouser comme tout le monde, après s'être vu, étudié, « éprouvé, fi ! cela était classique, bourgeois, rien de plus « commun. Il serait bien plus piquant de signer son contrat les « yeux fermés ; si bien donc que sans autre informé, on se jure, « de part et d'autre, de se rendre, à jour dit, chez maître La-« place, notaire à Montargis, et liquidateur de la succession. « Là, un contrat sera dressé d'avance ; là, se rencontreront à « jour fixe les deux époux qui feront leur première entrevue, « ayant un bandeau sur les yeux ; et mal avisé serait celui des « deux amans qui fausserait cette promesse solennelle ; car il « est bien arrêté que celui qui renoncerait à cet hymen singu-« lier, en serait pour sa part d'une riche succession. — C'est de « l'extravagance ! Voilà où en sont les choses, mon cher La-« place ; prières, menaces, rien n'a pu détourner ma nièce de « cette entreprise téméraire. Ma sciatique me cloue au fond du « Bourbonnais ; je n'ai plus de ressource que dans votre vieille « amitié ; faites donc tous vos efforts pour renverser ces beaux « projets qui m'effraient pour l'avenir des futurs époux : em-« ployez vos soins à les convaincre ; obtenez qu'ils se voient, et « plutôt deux fois qu'une, avant d'aller plus loin. » — Certes, cette confiance m'honore, et je m'en montrerai digne ; mais comment faire ? Ces jeunes gens vont venir ; (*Il se lève.*) à quelles épreuves puis-je les mettre ? S'aiment-ils ? se trompent-ils ? Ma foi, c'est fort embarrassant.

Air *du Vaudeville de l'Actrice.*

D'un côté c'est un héritage
Qui monte à deux cent mille écus ;
C'est, de l'autre, un triste veuvage
Dont je pense qu'on ne veut plus.

Par testament, sans se connaître,
Nos amans se sont estimés...
Ils font très sagement, peut-être,
De s'épouser les yeux fermés.

## SCENE II.

LAPLACE, JOSEPH, *en veste, tenant un plateau qu'il dépose sur le bureau en entrant.*

JOSEPH.

Voilà le chocolat de monsieur.

LAPLACE.

Bien, Joseph. Eh bien! mon garçon, commences-tu à te faire à notre ville?

JOSEPH.

Dame! monsieur, tout doucement; voyez-vous, il faut l'habitude.

LAPLACE, *le regardant fixement.*

C'est juste. (*Il se lève et marche préoccupé.*)

JOSEPH.

Je n'ai jamais servi que chez monsieur le sous-préfet de Briare, département du Loiret, un homme de beaucoup d'esprit; mais il n'y avait pas tant d'ouvrage qu'ici, ni de jeunes clercs non plus: ils sont fort espiègles, messieurs vos clercs; ils me font des niches, mais c'est pour rire.

LAPLACE, *à part.*

Au fait, il m'y fait songer... En supposant que je voulusse me prêter à cette bouffonnerie, mon maître-clerc, toute l'étude vont en faire des gorges-chaudes... un contrat signé chez moi à tâtons! on en rirait à mes dépens.

JOSEPH.

Monsieur, votre chocolat sera froid.

LAPLACE.

Tant mieux, tant mieux... (*à lui-même.*) C'est que le ridicule... il n'y a rien de plus terrible... (*Il va s'asseoir devant le bureau; regardant Joseph.*) Si ce gaillard-là n'était pas si bête...

JOSEPH, *occupé à nettoyer.*

Monsieur m'a appelé?

LAPLACE, *s'asseyant et prenant son chocolat.*

Le physique serait passable.

JOSEPH.

Qu'est-ce donc? ordinairement monsieur ne peut pas me regarder sans rire; aujourd'hui, vous m'envisagez d'un air sévère... Est-ce que j'ai mal fait mon service? Monsieur serait-il mécontent de moi? depuis cinq semaines que je suis chez monsieur, je n'ai encore rien cassé. Oh! je n'ai pas la main cassante; vous pouvez vous informer à monsieur le sous-préfet de Briare.

LAPLACE, *le regardant toujours en mangeant.*

Tu es bien naïf, mon pauvre Joseph.

JOSEPH.

Naïf! cela se peut bien, monsieur: ne vous y fiez pas; je parais comme ça un peu nigaud, c'est un air de famille; mais e suis bien déluré dans l'occasion.

LAPLACE.

Vraiment! tu dissimules donc?... Voyons, puis-je compter sur toi?

JOSEPH.

Toujours, monsieur; pour le zèle, la probité, la propreté, vous pouvez vous informer à monsieur le...

LAPLACE, *se levant.*

Te sentirais-tu de force à garder un secret, seulement pendant une heure ou deux?

JOSEPH.

Un secret! mais deux, trois... Vous sentez que quand on a été au service d'une autorité locale on a de la discrétion de reste. (*d'un air de mystère.*) Il est arrivé à monsieur le sous-préfet de me confier des affaires d'État; j'ai porté moi-même, des lettres bien cachetées à l'inspecteur du télégraphe.

LAPLACE, *se levant.*

Écoute bien, il s'agit d'une chose qui pourrait me compromettre.

JOSEPH.

Ah! diable!

LAPLACE.

Toi seul tu serais dans ma confidence.

JOSEPH.

Très bien.

LAPLACE.

Deux de mes cliens doivent venir ici, aujourdhui même, pour se marier.

JOSEPH.

Très bien.

LAPLACE.

Mais des raisons d'intérêt, de famille, exigent les plus grandes précautions.

JOSEPH.

C'est tout simple.

LAPLACE.

Comprends-tu? ils ne se parleront qu'ayant chacun un bandeau sur les yeux.

JOSEPH.

Bah! voilà qui est bien singulier. C'est acheter chat en poche, comme on dit chez nous.

Air : *De sommeiller encor, ma chère.*

Quelle bizarre fantaisie!
Quoi! s'épouser en tapinois!
Si jamais j'en fais la folie,
J'y veux regarder à deux fois.
L'épreuve me semble un peu forte;
C'est marcher loin dans le brouillard;
Et se marier de la sorte,
C'est jouer à colin-maillard.

LAPLACE.

Précisément, voilà ce que je crains que l'on ne dise; et cela peut me faire le plus grand tort; il faut donc que personne n'en sache un mot... tu comprends bien?

JOSEPH.

Oui, monsieur, parfaitement... mais ce que je ne comprends pas, c'est pourquoi vos cliens, comme vous dites, se marient d'une si drôle de manière; car enfin, on se marie, n'est-ce pas? la première chose est de se voir.

LAPLACE.

Je t'ai déjà dit qu'il y avait des raisons d'intérêt, de famille; des engagemens pris.

JOSEPH.

Ah! bon, bon, j'y suis.

LAPLACE.

Comment, tu y es?

JOSEPH.

Oui, oui, des raisons de famille, des défauts enfin... quelques petites choses que le marié ou la mariée sont bien aises de cacher avant la noce.

LAPLACE.

Bah! tu crois?

JOSEPH.

Cela saute aux yeux tout de suite.

LAPLACE, *allant se rasseoir à son bureau.*

Au fait, ce nigaud-là pourrait bien avoir raison.

JOSEPH.

Allez, allez, d'un côté ou de l'autre, faut qu'il y ait du déchet, ben sûr... tenez, c'est comme monsieur le sous-préfet de

Briare ; je peux vous confier ça à vous qui êtes notaire et dépositaire des secrets de famille. Il a épousé une demoiselle Durosier de Gien ; la veille du mariage, il était tout triste, tout de mauvaise humeur, parce qu'il fallait mettre une culotte courte et des bas de soie.

LAPLACE, *riant et désignant sa jambe.*

Ah ! ah ! est-ce qu'il n'avait pas ?...

JOSEPH.

Juste ! ce pauvre sous-préfet, un homme de beaucoup d'esprit ; mais imaginez-vous, des jambes... (*Il montre les siennes.*) tenez, encore pires que ça.

AIR *de Julie.*

De cette raison de famille
L'époux était peu satisfait ;
La future était fort gentille
Et voulait un mari bien fait.
L'art, par bonheur, remplaça la nature ;
Je fus discret et surtout fort adroit ;
Et le bonnetier de l'endroit
Fut chargé de la fourniture.

LAPLACE.

Ah ! ah ! c'est fort plaisant... Eh ! parbleu, tu me donnes une idée... tu sens bien que comme officier public, je dois blâmer une pareille imprudence ; que je veux absolument décider les deux époux à s'entendre parfaitement, et à se voir.

JOSEPH.

C'est la moindre chose.

LAPLACE.

Écoute ; tu vas prendre un habit, cela sera plus décent pour recevoir un comte et une baronne : prends le ton d'un clerc plutôt que celui d'un domestique ; parle le moins possible, afin de ne pas te trahir ; et si, comme je m'y attends bien, le jeune homme t'interrogeait sur sa future épouse, peins-la exprès sous des couleurs peu favorables ; comprends-tu ?

JOSEPH.

Bien, bien, des couleurs...

LAPLACE.

Et *vice versa* pour la baronne.

JOSEPH, *surpris.*

*Versi versa* pour la baronne !

LAPLACE.

Deux louis, pour ton silence, et si tu ne fais pas de gaucheries...

JOSEPH.

Deux louis ! monsieur, cela seul me donnerait de l'esprit.

LE CLERC, *entr'ouvrant la porte.*

Monsieur le comte de Saint-Valery demande si l'on peut le recevoir?

LAPLACE.

Déjà! (*bas à Joseph.*) Entre vite dans ma chambre, habille-toi, et surtout ne mets plus le pied dans l'étude.

JOSEPH, *s'en allant.*

Monsieur?... dites donc, monsieur: regardez bien d'abord ses jambes... c'est peut-être là qu'est le déficit. (*riant.*) Ah! ah! ah! ils disent tous que ce n'est plus la mode. (*Il entre dans le cabinet à gauche et emporte la tasse et la chocolatière.*)

LAPLACE, *allant vers la porte du fond.*

Monsieur le comte, prenez donc la peine d'entrer, je vous prie.

# SCENE III.

## LAPLACE, SAINT-VALERY.

SAINT-VALERY, *entrant; il est vêtu en fraque élégant et porte le ruban rouge à sa boutonnière.*

Mon cher notaire, regardez-moi bien des pieds à la tête... Vous savez ce que je viens faire chez vous... et je devine déjà ce que vous pensez de moi.

LAPLACE.

Il suffit de voir monsieur le comte pour s'en faire une idée favorable.

SAINT-VALERY, *gaîment.*

Oui, oui, sans doute, le petit compliment d'usage... mais soyez franc avec moi, notaire, comme je le serai avec vous... Je lis dans vos yeux... vous me toisez... et vous vous dites: « Voilà donc ce jeune fou, cet écervelé qui veut hasarder tout « son avenir, toute une existence d'homme, sur une carte, « comme un joueur téméraire y jetterait sa fortune. » Eh bien! oui, grave notaire... appelez-moi insensé, imprudent, romantique... tout ce que vous voudrez... je ne vous écouterai pas; mon parti est pris, et j'épouserai ma cousine sans l'avoir vue.

LAPLACE.

Je vous avouerai que, loin de me permettre de blâmer votre conduite, monsieur le comte, (*souriant.*) je l'ai trouvée au moins un peu bizarre.

SAINT-VALERY, *gaîment.*

Oui, bizarre! voilà comme ils sont tous; les financiers, les hommes de loi surtout... Bizarre, parce qu'on ne se marie pas carrément, numériquement, à la Bourse ou dans un bal... Entre-t-on dans un cercle? une charmante personne!... elle touche du piano comme Hertz... sa beauté éblouit... sa grace vous enchante... ajoutez une belle dot, si vous voulez... Trois semaines après, on est marié... on a une jolie femme, et une bonne étude... (*s'animant.*) On sait ce que rapporte l'une; on ne sait pas ce que rapportera l'autre... On connaît le physique... de grands yeux, voix délicieuse... le moral?... qu'importe?... Six mois après, la femme est sotte, ignorante, coquette... le mari est avoué, receveur, syndic, et... voilà les mariages parisiens... les mariages à la mode .. et le mien vous paraît bizarre, ridicule.

LAPLACE.

Loin de là... A Dieu ne plaise que j'aie eu l'intention de vous offenser!... (*souriant.*) mais enfin, vous me demandez de la franchise.

SAINT-VALERY.

Très bien, très bien... parbleu! moi-même, je n'entreprendrai point de vous convaincre... j'ai été subjugué, séduit, je l'avoue ingénument... et quant à la bizarrerie, elle existe pleine et entière... je ne m'en défends pas... mais écoutez, mon cher monsieur Laplace : chacun voit et conçoit le bonheur à sa manière, n'est-il pas vrai? voyons, pourquoi se marie-t-on?

LAPLACE, *avec bonne foi.*

Ma foi, je ne sais pas trop.

SAINT-VALERY.

Ah!... voilà de la franchise, notaire; et vous parlez là comme un homme qui a bien des contrats sur la conscience.

LAPLACE.

Du tout, du tout... je vous prie de croire, au contraire, que j'ai la main fort heureuse... j'ai fait plus de cinq cents mariages dont tout le monde me fait compliment, et depuis que j'exerçe, j'ai une trentaine de séparations tout au plus.

SAINT-VALERY.

Bravo!... je me rétracte.

LAPLACE.

Par ma foi, tenez... ce n'est pas de ma faute si je ne marie pas, la semaine prochaine, monsieur Ernest de Brémont qui vous est allié, je crois.

SAINT-VALERY.

Oui, précisément du même côté qu'Amélie... Ah! le petit Ernest se marie?

LAPLACE.

Non... c'est une affaire manquée.

SAINT-VALERY.

Bah!

LAPLACE.

Ah!.. une imprudence!... tête de jeune homme... un voyage clandestin à Paris... On a tout su... on a fait des suppositions...

bref! il n'y faut plus songer... et par-dessus le marché, c'est moi qui suis chargé de lui annoncer aujourd'hui même cette fâcheuse rupture.

SAINT-VALERY.

Aimait-il la jeune personne?

LAPLACE.

Beaucoup.

SAINT-VALERY.

Pauvre garçon!

LAPLACE.

Mais pour en revenir à ce qui vous concerne, monsieur le comte, je vous disais qu'en fait de mariage, je prenais toujours mes précautions... et que je n'engageais personne à y aller à l'aveuglette.

Air *du Vaudeville de Partie carrée.*

De mes cliens, avec sollicitude
Je dirigeais les biens et les amours;
Et l'on peut citer mon étude
Que l'hymen protégea toujours.
Mais d'y bien voir je conseillais, pour cause;
Vous, moins prudent, vous bâtissez en l'air:
Peut-on trouver l'hymen couleur de rose,
Quand on n'y voit pas clair?

SAINT-VALERY.

Du sophisme en calembourg!... allons, je vous pardonne l'épigramme... mais raisonnons, je vous en prie... J'ai passé dix ans de ma vie à médire du mariage... je ne comprenais pas que l'on se mariât, que l'on pût s'imposer une chaîne éternelle... Eh bien! aujourd'hui, à trente ans, me voilà épris d'une femme de vingt-deux... que je n'ai point vue, et dans laquelle je place toute l'idéologie du bonheur, comme je le veux... comme je le rêve... et si je vous disais que dans tout ceci, il y a autant d'amour-propre que d'amour.

Air *de Préville et Taconnet.*

Séduit, charmé, j'aime et je me marie;
De cet hymen je fais un point d'honneur:
Plus tôt, plus tard, y consacrant sa vie,
L'homme, ici-bas, court après le bonheur.
L'homme toujours court après le bonheur.
Mais trop souvent le destin vous éprouve,
Le bonheur fuit quand nous l'entrevoyons;
Il fuit alors que nous l'apercevons.

Les yeux ouverts, rarement on le trouve :
Je pourrais bien l'attraper à tâtons.

Dans le premier moment, j'ai ri du projet de la baronne... puis je me suis fait à cette idée... puis j'en ai été enchanté... Enfin vous voyez aujourd'hui un homme tout-à-fait converti.

LAPLACE, *souriant.*

Le bandeau de l'amour n'était pas une fable.

SAINT-VALERY, *s'animant.*

C'est vrai... je conçois maintenant l'amour aveugle... Qu'est-ce, je vous le demande, qu'un peu plus, un peu moins de beauté physique?... La beauté!... don du hasard, avantage éphémère qui passe comme le printemps... L'esprit, la grace, les qualités du cœur et de l'ame, voilà ce qui ne change jamais... voilà ce qui séduit, ce qui entraîne... Sot, qui s'éprend d'un masque! il n'est pas digne du bonheur... Ma femme dédaigne de me plaire avant le mariage: elle est donc bien sûre de me captiver après... et vous conviendrez que, pour se priver ainsi volontairement de ses avantages et de ses armes les plus sûres, elle n'est ni vaine, ni artificieuse, ni coquette.

LAPLACE.

Promettez-moi, du moins, qu'après la première entrevue... tout sera dit; et que vous ne pousserez pas la plaisanterie plus loin.

SAINT-VALERY.

Vous sentez bien que je ne demanderais pas mieux; mais c'est impossible : la baronne l'exige, j'ai promis : un serment est sacré.

LAPLACE.

Allons, c'est une idée fixe, et je vois qu'il est inutile de vous faire aucune objection.

SAINT-VALERY.

Eh bien! oui, prudent notaire; franchement c'est me rendre un mauvais service que de chercher à me désenchanter. Si vous saviez tout ce qui se passe en moi!.. quelle douce agitation mêlée de crainte, d'amour, de curiosité!... c'est inexprimable. Quand je pense qu'ici, aujourd'hui même... dans quelques instans, j'entendrai, je verrai celle dont l'ame m'est déjà si bien connue... car une fois les signatures apposées, les deux bandeaux tombent, l'amour seul reste, plus réel, plus animé... Après tout, pourquoi tant désirer ce moment? je la connais, je l'ai vue, ne m'a-t-elle pas envoyé son portrait?

LAPLACE.

Vous avez son portrait? Oh! oh! que ne le disiez-vous donc? voilà qui change la thèse.

SAINT-VALERY, *vivement.*

Son portrait fait par elle-même... tenez, c'est la dernière.

lettre qu'elle m'a écrite, je puis vous la montrer; un notaire est un confident.

LAPLACE.

Bon! son portrait par lettre.

SAINT-VALERY.

Elle n'eût point voulu m'en laisser voir d'autre; c'eût été détruire tout le charme de l'illusion; c'eût été manquer à Amélie, me manquer à moi-même. Je n'ai point insisté... mais, bon! vous souriez, vous ne me comprenez pas; les gens de code n'ont qu'un sens... tenez, mon cher notaire. (*Il tire une lettre de son portefeuille, et lit.*) « J'obéis, ou plutôt je cède : je partirai « le 4, etc., etc. Vous me demandez de vous faire mon portrait; « quoique ce soit manquer un peu à nos conditions, j'y consens, « moins dans le dessein de plaire, que pour vous montrer ma « franchise. Je vous dirai donc que ma taille est ce que l'on ap- « pelle, dans le monde, ordinaire, et qui ne fait dire à personne: « Ah! qu'elle est grande! ou : Bon Dieu! qu'elle est petite! » — Vous voyez cela d'ici, notaire. (*continuant.*) « Ma bouche est « assez gracieuse, quand elle sourit; je regarde de côté dans ma « psyché, et un de ces sourires-là va droit à votre adresse. « J'aime mieux être un peu coquette que menteuse. On m'a « souvent fait compliment de mes yeux noirs que deux sourcils « bien arqués rendent parfois un peu sévères. Que vous im- « porte, si je ne suis pas pour vous aussi sévère que mes yeux!» (*baisant la lettre.*) Adorable! adorable! vous le voyez, elle se retient, sa modestie ne lui laisse pas tout avouer; elle n'ose pas dire : « Je suis une très jolie femme, la plus belle brune du « monde. » Mais cela se voit, se devine; répondez-moi donc, notaire, ne la devinez-vous pas? et n'êtes-vous pas déjà vous-même amoureux de cette femme-là?

LAPLACE.

Par ma foi! monsieur le comte, je suis séduit; vous feriez extravaguer toute une chambre syndicale. (*avec un air de mystère.*) Mais j'oublie en vous écoutant que je retarde peut-être l'instant de votre entrevue.

SAINT-VALERY.

Comment?

LAPLACE.

Pour plus de discrétion et de convenance nous avons arrêté que ma femme, madame Laplace, recevrait chez elle votre charmante baronne, et je vais voir si...

SAINT-VALERY.

Ah! courez, courez, et revenez bien vite, si vous ne voulez pas que je meure d'amour, d'impatience et de curiosité.

AIR *du Siége de Corinthe.*

Je vous attends; courez, notaire;
Deux fois comptable dans ce jour,

Vous êtes le dépositaire
De mon contrat, de mon amour.

*ENSEMBLE.*

Je vous attends ; courez, notaire, etc.

LAPLACE.

Discret et diligent notaire,
Je veux protéger en ce jour,
Toujours à l'ombre du mystère,
Votre contrat et votre amour.

(*Il entre dans la chambre à droite.*)

## SCENE IV.

SAINT-VALERY, *seul, de plus en plus agité.*

Encore un qui me croit fou, romanesque. Que m'importe ce que l'on croit, ce que l'on pense? je suis sage à mes propres yeux, à ceux des ames nobles, pures, généreuses, qui, comme Amélie, sentent et comprennent bien les illusions de la vie; qui croient encore au bonheur, à la vertu. (*souriant.*) C'est que ma position ne ressemble à aucune autre ; je brûle, je me consume, mon cœur est un volcan ; (*reprenant son exaltation.*) l'espoir et le doute s'y heurtent avec violence ; il y a de la fièvre... non, non, c'est de l'amour vrai, sublime... oui, j'aime, et je suis aimé.

Air *de Téniers.*

Quand l'avenir doit payer ma tendresse,
Retenant jusqu'à mes soupirs,
D'un amour pur je savoure l'ivresse :
Un rêve heureux vient bercer mes désirs.
Sur cet hymen, prix de tant de constance,
Un voile magique est jeté ;
Par le mystère, enivré d'espérance,
Je crois aimer une divinité.

## SCENE V.

SAINT-VALERY, LAPLACE, *entrant empressé, avec un air de mystère*, JOSEPH *en habit, sort en même temps du cabinet à gauche, et se tient à distance.*

SAINT-VALERY.

Ah! de retour! Eh bien! la baronne d'Ervilliers?

LAPLACE.

Elle est arrivée.

SAINT-VALERY.

Quelle exactitude ! c'est charmant, notaire, hâtez-vous de nous réunir.

LAPLACE.

Une minute, monsieur le comte : vous nous accorderez bien le temps de...

SAINT-VALERY.

Elle est jolie, n'est-ce pas ? charmante, j'en suis sûr. Voyons, ne me faites pas languir, je meurs.

LAPLACE.

Ne sortons pas de nos conventions, je vous en prie ; je dois me taire, ne m'interrogez pas.

SAINT-VALERY, *impatient.*

Mais ce ne sont pas là des questions ; comment est-elle ? un mot, un seul mot, sa physionomie, sa taille ? quel effet éprouve-t-on au premier abord ? je ne vous en demande pas davantage.

LAPLACE.

Monsieur le comte, c'est de l'inquisition.

SAINT-VALERY.

Cruel homme que vous êtes ! avouez donc au moins qu'elle vous a enchanté, émerveillé.

LAPLACE, *avec un froid étudié.*

Mais, pas précisement.

SAINT-VALERY.

Bah !

LAPLACE, *souriant d'un air railleur.*

Après ça, les goûts sont libres.

SAINT-VALERY, *inquiet.*

Comment ?

LAPLACE.

Il ne m'appartient pas d'ailleurs de préjuger ; enfin, vous la verrez plus tard.

SAINT-VALERY.

Quel froideur ! mais, notaire, parlez donc, que signifie...

LAPLACE.

Pas un mot de plus, je vous en prie, elle va venir ; éloignez-vous au plus tôt... que j'aie le temps... Joseph va vous accompagner au jardin ; je ne vous demande qu'un petit quart d'heure de préparation.

SAINT-VALERY.

Toujours attendre.

LAPLACE.

Ne vous en prenez qu'à vous de tous ces retards, avec vos idées fantasques.

SAINT VALERY.

Allons donc, puisqu'il le faut... mais de grace, notaire, épargnez-moi... Tenez, j'attends là en bas sous vos croisées en me promenant... ne soyez pas un siècle.

JOSEPH.

Si monsieur le comte veut bien venir, c'est par ici.

LAPLACE, *bas à Joseph.*

Fais ce que je t'ai dit, et ne le ménage pas.

SAINT-VALERY, *avec un soupir.*

Partons donc, monsieur Joseph... je m'abandonne à vous

JOSEPH, *le conduisant.*

Par ici, monsieur le comte.

SAINT-VALERY.

Air : *O troupe fantastique.*

Il faut que je l'évite
Quand j'accours pour la voir ;
N'importe, partons vite,
Puisque c'est un devoir.
Notaire, montrez-vous sensible,
Ne prolongez pas mon tourment ;
Que le magistrat inflexible
Prenne aujourd'hui la place de l'amant !

*ENSEMBLE.*

Il faut que je l'évite
Quand j'accours pour la voir ;
N'importe, partons vite,
Puisque c'est un devoir.

LAPLACE.

A fuir je vous invite,
Avant que de la voir ;
Oui, partez au plus vite
Et cédez au devoir.

JOSEPH.

A fuir on nous invite ;
Livrez-vous à l'espoir :
Nous reviendrons bien vite
Avec le bandeau noir.

*( Le comte sort avec Joseph par la porte du fond. )*

## SCENE VI.

LAPLACE, *seul.*

Fort bien, tout va le mieux du monde... je ne me croyais pas si habile en fait d'intrigue... En vérité je m'intéresse déjà à ces deux époux... Comment donc! mais c'est qu'ils m'ont presque convaincu moi-même: encore un peu, j'allais tourner au romantisme... un notaire, fi! reprenons notre attitude... remplissons la mission dont je me suis chargé... j'espère avoir meilleur marché de notre aimable baronne.

Air *du petit Courrier.*

Je prétends ne négliger rien,
Afin de la rendre parjure;
Et laisser agir la nature
Est, je crois, le meilleur moyen.
Oui, quand je vais mettre à l'épreuve,
Surtout sa curiosité,
Je dois attendre d'une veuve
Un peu de bonne volonté.

(*Il va ouvrir la porte à la gauche du spectateur.*)

Madame la baronne, vous pouvez entrer... nous sommes maîtres du champ de bataille.

## SCENE VII.

AMÉLIE, *en costume élégant de voyage, un élégant sautoir sur le bras*, LAPLACE.

AMÉLIE, *entrant.*

Il était ici?.. je me sens tout émue.

LAPLACE.

Il sort à l'instant... eh bien! madame la baronne, avez-vous réfléchi sur les observations qu'il était de mon devoir de vous faire?

AMÉLIE.

Ne parlons plus de cela, monsieur; je vous ai fait ma profession de foi; ma résolution est irrévocable. Je consens à passer aux yeux des cœurs froids, des esprits timorés, pour une femme exaltée, une tête romanesque; mais là où je suis certaine de trouver cette rare conformité de goûts et de sentimens, cette délicieuse sympathie de deux cœurs s'élançant l'un vers l'autre: là seulement se trouvent les véritables convenances de l'hymen, l'assurance d'un bonheur inaltérable.

LAPLACE.

Sans doute, madame; mais vous me permettrez de vous faire observer que la sympathie morale ne suffit pas toujours, quand on contracte un lien indissoluble, un lien de toute la vie... et qu'épouser un homme sans l'avoir jamais vu, se donner tout entière, corps et biens, sans connaître, autant que cela est possible, celui à qui l'on confie tant d'excellentes choses, c'est s'exposer à d'étranges mécomptes, et peut-être à d'éternels regrets.

AMÉLIE, *un peu piquée.*

Eh! monsieur, de quels mécomptes me parlez-vous? que me font à moi des traits plus ou moins corrects... une taille plus ou moins gracieuse? Qu'est-ce que cela auprès de ce charme d'esprit, de cette élévation d'ame que je trouve dans le comte de Saint-Valery? Plus occupé de l'honneur militaire et de la culture des lettres que des lenteurs interminables de la chicane, il m'envoie du lieu de sa garnison un blanc-seing, avec instance de le faire précéder de la transaction qui sera la plus convenable pour régler nos intérêts... Touchée d'un procédé aussi délicat, je me livre à la correspondance la plus active; et bientôt le comte me propose de réunir, par un mariage, les deux portions d'un grand héritage qui nous donnerait le droit de faire des heureux... Cette idée me ravit .. je l'accepte... dès ce moment nous ne correspondons plus que comme fiancés. Vous savez le reste... j'ai pu être captivée, séduite, mais certainement je ne suis pas folle.

LAPLACE.

Ah! madame... qui dit cela?

AMÉLIE, *avec finesse.*

Vous le pensez sans le dire... nos sentimens sont aussi une propriété, mon cher notaire, on doit les respecter.

LAPLACE.

Sans doute, madame, mais...

AMÉLIE, *vivement.*

On m'a mariée à quinze ans. M. le baron d'Ervilliers était un homme de l'extérieur le plus séduisant. Toutes les femmes en raffolaient; jeune, sans expérience, j'en fus éblouie moi-même... Eh bien! il m'a rendue très malheureuse.

LAPLACE.

Je le sais; mais avouez, madame la baronne, que vous passez d'un excès dans un autre.

AMÉLIE.

Au contraire : je vois, moi, quelque chose de grand, d'héroïque dans cette action que vous trouvez bizarre... J'aime M. de Saint-Valery précisément parce qu'il a consenti à cette épreuve, parce qu'elle ne l'a point effrayé, parce que nous nous sommes compris.

LAPLACE, *souriant.*

De sorte que s'il y renonçait...

AMÉLIE.

Je ne l'estimerais plus... je ne serais jamais à lui.

AIR : *J'en guette un petit.*

Je ne suis pas de ces femmes du monde
Dont le seul but est d'avoir un mari;
Mais à notre ame une ame qui réponde,
Est le trésor qui m'a toujours souri.
Mon cœur comprend cet époux qu'il appelle;
Oui, sans le voir, je l'aime et je me rends;
Car la beauté n'a qu'un printemps
Et l'ame reste toujours belle.

LAPLACE.

Tout cela sans doute est très beau, très séduisant; mais enfin, c'est une supposition, si cet échafaudage merveilleux de votre imagination venait à se renverser au premier regard? si un désenchantement subit, une sorte de répugnance...

AMÉLIE.

Qu'importe? mais je vous devine : vous voulez m'effrayer, vous n'y parviendrez pas, je vous en avertis : et quand bien même mon cœur n'aurait pas rêvé celui que j'ai choisi pour époux, son portrait qu'il m'a fait parvenir... (*Elle tire un petit-portefeuille de son sein.*) Des vers d'une expression... (*Elle déplie un papier.*)

LAPLACE, *souriant.*

Ah! c'est en vers! s'il est aussi fidèle que celui qu'il a reçu de vous en prose...

AMÉLIE.

Écoutez. (*Elle lit.*)

Vous me demandez mon portrait...

(*s'interrompant.*) Nous étions convenus de nous faire chacun le nôtre; mais par écrit seulement. La peinture eût détruit tout le piquant, tout le charme de notre situation. (*reprenant.*)

Vous me demandez mon portrait,
C'est m'ordonner d'être sincère;
Mais, en obéissant, je crains de vous déplaire :
Enfin vous le voulez; me voici trait pour trait :
Je suis dans la vigueur de l'âge
Et n'ai vu que trente printemps;
Mes yeux, comme ceux des amans,
Brillent, croyant voir votre image...

(*s'interrompant.*) Je le vois d'ici.

Mon teint bruni dans les camps, au combat,
Répand sur ma figure un ton un peu sévère

Qui convient à l'homme de guerre ;
Car c'est là le fard du soldat.
Pourtant je l'avoûrai, de la mélancolie
Quelquefois le nuage ombrageait les beaux jours ;
Et jusqu'ici dédaignant les amours,
D'une sombre misanthropie
Je portais dans mon cœur le poison renfermé...
C'est que j'avais besoin d'aimer et d'être aimé :
Vous m'avez guéri pour la vie.

(*avec expression et malice.*) Eh bien! monsieur le notaire ?

LAPLACE, *à lui-même.*

Je conçois qu'il y a de quoi monter la tête.

AMÉLIE.

Maintenant je ne vous demande rien, je ne veux rien savoir.

LAPLACE, *avec intention.*

D'ailleurs, il va venir; il est ici, sous cette croisée, au fond du jardin, bien impatient sans doute de... (*Il va ouvrir la croisée.*)

AMÉLIE, *vivement.*

Il est là! (*se reprenant.*) Mais fermez donc cette fenêtre, monsieur. Me tendre un piége! Ah! c'est affreux!

# SCENE VIII.

LES MÊMES, JOSEPH.

JOSEPH.

Excusez, madame : monsieur, je viens vous prévenir que monsieur le comte s'impatiente, il n'y tient pas; il veut absolument monter.

AMÉLIE.

Il va venir!

LAPLACE, *bas à Amélie.*

Vous paraissez émue.

AMÉLIE.

Je ne m'en défends pas; au moment de le voir, ou plutôt de l'entendre... car je ne consens à le recevoir que sous les conditions faites entre nous.

LAPLACE, *un peu piqué.*

Il suffit, madame. Permettez que j'aille le chercher moi-même. (*à part, en s'en allant.*) Quelle tête! (*Il fait signe à Joseph, qui paraît comprendre, et reste en scène.*) Patience! je n'ai pas encore perdu toute espérance.

# SCENE IX.

AMÉLIE, JOSEPH.

( *Amélie reste pensive, Joseph semble embarrassé pour commencer la conversation.* )

AMÉLIE, *à elle-même.*

Ce bon notaire ne me comprend pas. On juge toutes les femmes sur une ou deux que l'on connaît; quelle erreur!

JOSEPH, *à part.*

Elle ne m'interroge pas, c'est singulier! si elle ne me dit rien du tout, il n'y a pas de raisons pour que je commence. Il faut pourtant que je gagne mon argent. Ma foi, je m'risque. (*haut.*) Je demande bien pardon à madame la baronne; mais je crois que c'est elle qui attend ce monsieur avec lequel je viens d'avoir l'avantage de causer.

AMÉLIE.

Oui, monsieur.

JOSEPH.

Dieu! qu'il est aimable! comme il parle bien! et quel esprit! On ne pourrait peut-être citer que M. le sous-préfet de Briare, qui...

AMÉLIE, *à mi-voix.*

Oh! oui, un esprit élevé et une ame...

JOSEPH.

Avec ça, c'est un bien bel homme.

AMÉLIE.

C'est ce qui m'importe le moins.

JOSEPH.

Un superbe homme. Oh! huit pouces, dix pouces de plus qu'moi, pour le moins.

AMÉLIE.

Comment! si grand que cela! (*se reprenant.*) Mais je ne vous le demande pas.

JOSEPH.

En me tenant bien droit, je lui venais à peu près ici; et quelle grace dans ses manières! une parole si douce!

AMÉLIE.

Je vous dispense de tous ces détails.

JOSEPH.

En détail, il est fort agréable à entendre: d'une politesse pour tout l'monde! et généreux surtout... il a un petit œil fin... l'autre on le distingue moins; il paraît que c'est un coup de sabre...

AMÉLIE.

Vraiment! ce pauvre comte!

JOSEPH.

Après ça, je ne l'ai vu qu'un instant sans ses lunettes ; mais je vous assure, madame la baronne, que ça lui va très bien ; une belle taille bien prise, de beaux cheveux blonds, un peu éclatans, par exemple...

AMÉLIE.

Bruns, monsieur, bruns, j'en suis sûre.

JOSEPH.

Ah ! vous me direz, c'est peut-être autre chose que ses cheveux.

AMÉLIE, *riant.*

Ah ! ah ! ah !

JOSEPH, *à part.*

Comment, ça la fait rire ! Ma foi, donnons le coup de grace. (*haut.*) Mais ses jambes ! Ah ! madame la baronne, ses jambes ! c'est le plus amusant.

AMÉLIE, *un peu impatientée.*

Encore !

JOSEPH.

Vous me direz : dans la cavalerie on est assez sujet à ces inconvéniens-là ; mais avec des bottes à l'écuyère, ça ne paraît pas du tout.

AMÉLIE, *impatientée.*

A vous entendre, le comte serait d'une taille... et contrefait.

JOSEPH.

Oh ! il n'y a pas de contrefaçon, au contraire ; madame la baronne n'aurait pas connu monsieur le sous-préfet de Briare ?

AMÉLIE, *à part.*

Que de sottises ! (*haut.*) Monsieur, veuillez me dire votre nom ?

JOSEPH.

Joseph, madame ; c'est-à-dire dans l'étude ces messieurs m'appellent Joseph ; mais mon nom de famille est Robinet.

AMÉLIE.

Eh bien ! monsieur Joseph...

JOSEPH.

Robinet.

AMÉLIE, *agitée.*

Quelque peintre habile que vous soyez, je ne vous choisirai pas pour faire des portraits. (*Elle se retourne, Joseph reste comme interdit, Laplace rentre.*)

JOSEPH, *à part.*

Elle a beau faire, elle est troublée. Allons, je suis content de moi. Voilà comme il faut s'acquitter d'une commission.

## SCENE X.

LES MÊMES, LAPLACE.

LAPLACE.

Vos ordres sont exécutés de point en point, madame la baronne. Monsieur le comte me suit. (*à part.*) Je suis enfin parvenu à l'effrayer un peu.

AMÉLIE.

Je suis prête à le recevoir.

JOSEPH, *bas à Laplace.*

J'ai joliment travaillé, allez; je ne vous ai pas volé votre argent. (*Il sort par le fond.*)

LAPLACE, *de même.*

Bien, bien. (*haut à Émilie.*) Veuillez vous asseoir, madame, et permettez que je voile un instant ces beaux yeux, (*appuyant.*) comme la victime allant au sacrifice. (*Il lui couvre légèrement les yeux avec le sautoir qu'elle lui présente.*)

AMÉLIE, *pendant que l'on attache le bandeau.*

Vous avez beau m'effrayer, rien ne me fera... Oh! oui, je persisterai; (*à part.*) mon cœur me dit que je fais bien. (*Elle est assise dans un fauteuil vers la gauche du spectateur, et Laplace va avec précaution à la rencontre de Saint-Valery, qui paraît avec une cravate noire sur ses yeux, et conduit par Joseph.*)

## SCENE XI.

LES MÊMES, SAINT-VALERY.

LAPLACE, *bas à la baronne.*

Ah! çà, vous n'y voyez pas?

AMÉLIE.

Du tout, je vous le jure.

LAPLACE, *malignement.*

Il n'y a peut-être pas de mal à ça. (*Amélie sourit.*)

SAINT-VALERY, *bas à Joseph.*

Y sommes-nous?

JOSEPH, *avec une gravité comique.*

Oui, monsieur, vous êtes dans le cabinet du notaire, et en présence de madame la baronne elle-même.

SAINT-VALERY.

Ah! comme le cœur me bat!

LAPLACE, *de l'autre côté du théâtre.*

Allons, madame, monsieur le comte est devant vous.

(*Laplace fait signe à Joseph d'avancer un fauteuil et d'y faire asseoir Saint-Valery.*)

AMÉLIE, *d'une voix altérée.*

Il est là! (*à part.*) Allons, remettons-nous.

JOSEPH, *à Saint-Valery, qui est assis.*

Ah! çà, vous ne voyez rien, bien sûr? (*lui présentant les doigts écartés.*) Combien y a-t-il de doigts? (*à mi-voix.*) Écoutez donc, il s'agit de prendre une femme; on ne risque rien de vous dire : casse-cou!

(*Laplace va s'asseoir auprès de son bureau; il donne quelques papiers à Joseph, qui sort par la porte à la droite du spectateur.*)

AMÉLIE, *émue.*

Est-ce bien vous, monsieur le comte?

SAINT-VALERY.

Moi-même. Ah! j'attendais ce moment avec bien de l'impatience.

AMÉLIE, *à part.*

Je suis tout interdite!

SAINT-VALERY, *à part.*

Par où commencer la conversation? (*haut.*) Baronne, j'ai bien des demandes à vous faire.

AMÉLIE.

Monsieur le comte, moi-même j'ai bien des explications à vous demander.

SAINT-VALERY.

Je suppose que monsieur le notaire a eu la discrétion de se retirer.

(*Laplace sort pendant quelques instans.*) (*Moment de silence.*)

AMÉLIE, *avançant le bras.*

Comte de Saint-Valery, êtes-vous là?

SAINT-VALERY.

Ici, près de vous, charmante baronne.

AMÉLIE.

Qui vous a dit que j'étais charmante?

SAINT-VALERY.

Oh! rien que votre son de voix; il ne peut sortir que de la plus belle bouche.

AMÉLIE.

Avouez que cette situation a quelque chose de ravissant.

SAINT-VALERY.

Je ne l'échangerais pas, je crois, contre le bonheur de vous voir; et pourtant j'en brûle d'envie.

AMÉLIE.

Ah! moi, quoique femme, j'ai plus d'empire sur moi-même; je tiens plus que jamais à mon serment.

SAINT-VALERY.

Sans doute, moi aussi; mais mon impatience est bien excusable.

AMÉLIE.

Monsieur de Saint-Valery, parlons sérieusement. Toute autre femme que moi, dans une telle situation, éprouverait de l'embarras, de la contrainte; près de vous je me sens rassurée; je n'éprouve qu'un sentiment profond de confiance et d'estime.

SAINT-VALERY.

Que j'en suis fier, madame!

AMÉLIE.

Ah! vous en étiez digne; avouez que mon projet n'était point insensé : ce qu'une femme n'ose dire à un homme, je vous le dis avec franchise, sans craindre que vous voyiez ma rougeur... oui, je vous aime!

SAINT-VALERY.

Qu'entends-je! ah! répétez, répétez ce mot charmant! je crains que ce ne soit encore qu'une illusion.

AMÉLIE.

Pourquoi? ce sentiment est pur; ma bouche en fait l'aveu; mais c'est mon ame qui vous aime. Vous le savez bien : jeune encore, à cet âge où l'on voit, où l'on ne pense pas, on disposa de ma main; je fus très malheureuse : devenue libre, j'avais fait un beau serment de veuvage éternel; tout à coup un nouveau sentiment s'empare de moi; votre esprit, votre cœur qui sait si bien se faire entendre... j'avoue sans honte ma défaite, puisque je crois avoir trouvé celui qui seul pouvait me faire changer de résolution.

AIR : *Vaudeville du Baiser au porteur.*

Dans mon serment de haine et de vengeance,
Un homme seul pouvait être excepté;
C'est celui dont la confiance,
Estimant moins l'éclat de la beauté,
Triomphe ici de ma sévérité.
Celui qui, sans m'en faire un crime;
Peut écouter cet aveu dans ce jour,
Méritait plus que mon estime,
Je dus lui donner mon amour.
Il méritait bien plus que mon estime;
Faute de mieux, j'ai donné mon amour.

SAINT-VALERY, *se rapprochant d'elle.*

Ah! par pitié, ménagez-moi; un tel aveu, l'expression touchante que vous y mettez, c'est trop pour ma faiblesse : ne me croyez pas un demi-dieu... Amélie!

AMÉLIE, *souriant.*

Il faut donc que je vous permette de m'appeler ainsi. Voyons, mon ami, à votre tour, de la franchise : moi, je suis bien résignée ; mais vous, vous sentez-vous toujours la ferme résolution de signer notre contrat de mariage sans nous voir ?

SAINT-VALERY, *vivement.*

Sans doute; mais ne prolongez pas cette épreuve cruelle : signons à l'instant même. Ah ! d'après l'aveu que vous avez daigné me faire, quand je suis convaincu que rien ne peut détruire le charme que j'éprouve auprès de vous, pourquoi retarder l'instant de mon bonheur ?

AMÉLIE.

Comment, que voulez-vous ?

SAINT-VALERY.

Mettre fin au désir qui me brûle, voir enfin celle que j'aimerai toute ma vie.

AMÉLIE.

Saint-Valery, y songez-vous ?

SAINT-VALERY.

Je ne songe à rien qu'au bonheur de vous aimer, d'être là, près de vous ; mais je ne croyais pas qu'il fallût tant de courage.

Air *du Fleuve de la vie.*

Oui, déjà, rien qu'à vous entendre,
J'éprouve un charme tout nouveau.
Hélas ! faut-il encore attendre
L'instant de quitter ce bandeau ?
Lorsque vous m'êtes inconnue,
Si vous avez tant de droits sur mon cœur,
Je dois donc mourir de bonheur
Quand je vous aurai vue.

(*Ici Laplace reparaît avec Joseph.*)

AMÉLIE.

Saint-Valery, pardonnez-moi un moment de doute. Oh ! ce n'est pas fausse modestie : on se rend assez bien justice; mais si cependant je n'étais pas ce que vous croyez ? si mes traits...

SAINT-VALERY.

Ils doivent être charmans.

AMÉLIE.

Si mon maintien...

SAINT-VALERY.

Je suis sûr que c'est la grace même.

AMÉLIE.

Enfin, si ma taille...

SAINT-VALERY, *à part.*

Ces craintes, cette hésitation... est-ce que les confidences de ce notaire ?... Oh ! non, ce n'est pas possible... A tout prix il faut connaître la vérité... (*haut.*) Eh bien ! madame, me tiendrez-vous rigueur plus long-temps ?... Amélie ! chère épouse... abrégez ce cruel supplice ; je tombe à vos pieds.

*( Il lui prend la main et la couvre de baisers. )*

AMÉLIE, *émue.*

Eh bien! que faites-vous ?

SAINT-VALERY.

Ma foi, je prends possession.

AMÉLIE, *se reculant.*

Monsieur le comte...

SAINT-VALERY.

Cette main est à moi, je ne la quitterai pas ; grace, pitié... Amélie ! puis-je vous aimer davantage ?

AMÉLIE, *troublée.*

Oubliez-vous votre serment ?

SAINT-VALERY, *hors de lui.*

Oui ! oui, j'oublie tout; demandez-moi un sacrifice qui me soit possible : me priver de vous voir est au-dessus de mes forces; je cède à mon amour... *(Il arrache son bandeau.)* Dieu ! qu'elle est jolie !... j'en étais sûr.

LAPLACE, *s'avançant.*

Bravo! bravo!... Allons, madame...

*( Il veut lui ôter le bandeau. )*

AMÉLIE, *froidement et lui retenant le bras, avec dignité.*

Non, monsieur : tout le monde ici m'a méconnue ; je ne consens même pas à voir celui qui m'a trahie. Ah ! quel mal il m'a fait... Venez, monsieur, conduisez-moi.

*( Laplace la conduit dans la chambre à droite de l'acteur, et y entre avec elle. )*

JOSEPH *hésite un moment et dit à demi-voix.*

Voilà mes deux louis bien aventurés. *(Il sort par le fond.)*

## SCENE XII.

SAINT-VALERY, *puis* LAPLACE.

SAINT-VALERY.

Suis-je éveillé!... est-ce un songe affreux?... ah! c'est un coup de foudre... elle, me fuir!... m'abandonner ainsi!... c'est impossible... elle part au moment qui allait faire notre bonheur!.. eh bien! tant mieux... j'en suis content... c'est une tête légère, c'est une folle, et j'étais fou moi-même de me prêter à son caprice... je ne l'aime plus... je la déteste... ah! au contraire, je l'aime plus que jamais... je l'ai vue... son image me poursuit déjà... Elle partirait sans que je la revisse encore! non, cela ne se peut pas... non, je veux la revoir... mon Amélie... où est-elle ?

LAPLACE, *rentrant inquiet.*

Vous avez fait un beau chef-d'œuvre.

SAINT-VALERY.

Comment! elle persiste... elle veut partir?

LAPLACE.

Elle a déjà demandé des chevaux de poste.

SAINT-VALERY.

Mais c'est de la folie, notaire... C'est une femme abominable, insensible... et cependant, je l'adore, j'en suis fou... aidez-moi donc... conseillez-moi donc... je n'ai plus la tête à moi.

LAPLACE.

Ni moi non plus... pourquoi diable aussi allez-vous heurter brusquement sa manie?... la voilà exaspérée... elle prétend que vous avez abusé de sa confiance, trompé son attente, que sais-je?

SAINT-VALERY.

Mais c'est vous seul qui, en alarmant ma défiance...

LAPLACE.

C'était mon devoir... comment se douter qu'une petite femme eût une tête...

SAINT-VALERY.

Je ne croirai jamais à tant de sévérité, d'indifférence.

LAPLACE.

Et qui sait si ce mariage rompu ne vous jettera pas dans un procès interminable?

SAINT-VALERY, *sans l'entendre.*

N'est-ce pas qu'elle est charmante? quelle jolie taille! quelle bouche gracieuse! et la perdre! non, non, cela ne se peut pas; mais que résoudre... que faire?

LAPLACE.

Ah! voilà...

(*Joseph entre par la porte de l'étude.*)

## SCENE XIII.

LES MÊMES, JOSEPH.

JOSEPH.

Monsieur...

LAPLACE, *avec un peu d'humeur.*

Eh bien! quoi?

JOSEPH.

C'est monsieur de Brémont qui vient d'arriver.

LAPLACE.

Ah! mon Dieu! c'est vrai, je n'y songeais plus... (*agité.*)

Vous voyez à quoi vous m'exposez, monsieur le comte... je néglige mes cliens les plus précieux. C'est votre parent, ce monsieur Ernest de Brémont dont je vous parlais ce matin.

SAINT-VALERY.

Comment, notaire, vous voulez m'abandonner aussi?

LAPLACE.

Non, mais voyez dans quel embarras je suis... au fait, pour la bonne nouvelle que j'ai à lui apprendre, rien ne presse. (*à Joseph.*) Excuse-moi auprès de monsieur de Brémont : dis que je suis en affaire; prie-le de vouloir bien m'attendre un moment... va donc... va donc...

JOSEPH, *à part en rentrant dans l'étude.*

Si ça pouvait se r'arranger, je ferais aussi ma liquidation. (*Il sort.*)

SAINT-VALERY.

Mon cher monsieur Laplace, je n'ai plus d'appui que vous seul... retenez-la, parlez-lui... voyons, n'est-il plus d'espoir?

LAPLACE.

Si fait. (*comme frappé d'une idée subite.*) Attendez donc.... oh! quelle idée! cela serait hardi... mais la petite baronne mérite bien cela.

SAINT-VALERY.

Comment?

LAPLACE.

Mon cher comte, vous êtes sauvé, partez sur-le-champ.

SAINT-VALERY.

Partir!... non parbleu, je reste, je veux m'attacher à ses pas, la suivre partout, dût-elle fuir au bout du monde.

LAPLACE.

Vous ne me comprenez pas... au fait, j'extravague... il me vient trop d'esprit, je ne me comprends pas moi-même.

SAINT-VALERY, *impatient.*

Expliquez-vous donc, notaire.

LAPLACE.

Une scène de comédie... un coup de dé... On vous déteste, on vous fuit... vous vous éloignez, c'est tout simple... votre voiture part... on vous croit bien loin... je vous présente sous le nom de monsieur de Brémont, qui est son parent et le vôtre; elle ne pourra refuser de le voir... et ma foi, le reste vous regarde.

SAINT-VALERY.

Délicieux! je comprends... ah! notaire, je vous embrasserais pour cette heureuse idée.

LAPLACE.

Ne perdez pas une minute. (*Joseph entre par la porte latérale à droite.*)

JOSEPH.

Monsieur, madame la baronne demande si vous êtes seul... bien seul ?

SAINT-VALERY.

Quel espoir !

JOSEPH.

Comme elle va partir, elle veut prendre congé de vous, et vous donner pour la liquidation les signatures dont vous avez besoin.

SAINT-VALERY.

Tout est fini.

LAPLACE.

Du courage donc ! (*à Joseph.*) Oui, je suis seul... dis que je suis seul... va vite... (*Joseph sort.*) Le hasard nous sert à merveille... entrez dans ce cabinet... je me charge de vous donner la réplique.

SAINT-VALERY, *hors de lui.*

Il se pourrait ! ah ! mon cher monsieur Laplace, vous êtes ma providence ; mais vous me devez bien cela.

LAPLACE.

Allons, partez vite. (*Saint-Valery sort par la porte dsagauche ; Laplace redescend la scène.*) Ouf ! ces amans-là me donneront une pleurésie... mais si elle l'épouse après l'avoir vu, quel triomphe !

## SCENE XIV.

AMÉLIE, LAPLACE.

AMÉLIE, *se montrant avec précaution.*

Vous êtes seul, monsieur ?

LAPLACE, *allant au-devant d'elle.*

Absolument seul, madame.

AMÉLIE, *se tenant à la porte.*

Je ne vous retiendrai pas long-temps, monsieur... vos occupations vous réclament... je viens prendre congé de vous et m'excuser des embarras que j'ai pu vous donner.

LAPLACE.

Décidément, madame, vous nous quittez sitôt ?

AMÉLIE.

J'y suis bien résolue.

LAPLACE.

Vous êtes parfaitement libre, madame ; mais en partant si vite, vous voyagerez sur les pas de monsieur le comte.

AMÉLIE.

Comment ?

LAPLACE.

Il vient de me faire ses adieux. Il part à l'instant même; tenez, voilà sa voiture que l'on attèle.

AMÉLIE, *un peu piquée.*

Qu'à cela ne tienne! puisqu'il part, rien ne me presse plus... je lui laisserai prendre les devans... il a très bien fait, et je l'approuve... quand on sent ses torts, c'est le moins que l'on se fasse justice.

LAPLACE.

Mon Dieu, madame, je le lui ai conseillé moi-même... si vous eussiez vu son chagrin, son désespoir...

AMÉLIE.

Son désespoir! permettez-moi, monsieur, de n'y pas croire... avec cette légèreté que j'étais si loin de supposer... enfin, qu'importe à présent?... il part, c'est l'essentiel.

LAPLACE.

Plaignez-le, madame... songez qu'il vous a vue, et qu'il vous perd. (*près de la croisée.*) Voilà la voiture qui part. (*On entend le roulement d'une voiture. Amélie reste silencieuse.*) Allons, il est dit que je n'aurai dans votre famille que des malheurs de ce genre.

AMÉLIE.

Dans ma famille!

LAPLACE.

Sans doute... monsieur de Brémont, votre parent, qui se trouve à peu près dans la même position que vous...

AMÉLIE.

Oui, je sais cela; votre femme m'a tout conté.

LAPLACE.

Un amour qui datait de l'enfance.

AMÉLIE.

Pauvre jeune homme!

LAPLACE.

C'est d'autant plus fâcheux que je crains quelque catastrophe; il est là qui m'attend; il est d'une tristesse, d'un abattement... comment donc? nous avons craint le suicide.

AMÉLIE.

Ah! mon Dieu!

LAPLACE.

Une tête volcanisée, à peu près comme quelqu'un que nous connaissons.

AMÉLIE.

Est-ce que vous pensez que l'amour peut réellement conduire à un tel acte de désespoir?

LAPLACE.

Malheureusement, cela arrive plus souvent que vous ne semblez le croire.

AMÉLIE.

Vous m'alarmez pour ce jeune homme : je ne l'ai jamais vu; mais c'est mon parent, il souffre, il est malheureux; mon devoir m'oblige à lui offrir du moins quelques consolations. (*à part.*) Cela doit être si doux quand on souffre! (*haut.*) Ne puis-je le voir?

LAPLACE.

Comment donc, madame, rien n'est plus convenable; je n'osais vous le proposer. (*à part.*) Elle y vient d'elle-même; c'est merveilleux. (*haut.*) Une femme s'entend si bien à adoucir les peines du cœur!

AMÉLIE.

Eh bien! voyons, qu'il vienne; je vais lui parler.

LAPLACE.

Je crois justement que c'est lui.

(*Saint-Valery entre, affectant le plus morne désespoir.*)

AMÉLIE, *bas à Laplace.*

Il a l'air bien abattu.

LAPLACE, *bas.*

Oh! le coup a été terrible, le cœur est déchiré.

AMÉLIE, *bas.*

Il me fait de la peine.

## SCENE XV.

LES MÊMES, SAINT-VALERY, *un mouchoir à la main, et d'une voix altérée.*

SAINT-VALERY.

Je vous attendais, mon ami; mais pardon, vous êtes avec quelqu'un.

AMÉLIE, *à part.*

Pauvre jeune homme! c'est qu'il est fort bien, en vérité!

LAPLACE.

Mon cher Ernest, c'est madame la baronne d'Ervilliers, votre parente, dont nous avons si souvent parlé. (*bas à Saint-Valery.*) Tâchez de déguiser votre voix.

SAINT-VALERY, *se contraignant.*

Madame voudra bien m'excuser, si dans ce moment...

AMÉLIE.

Je sais tout, monsieur; j'ai appris quelle douleur vous éprouvez; croyez que j'y prends toute la part...

SAINT-VALERY, *d'une voix étouffée.*

Je vous remercie de votre indulgence. Ah! j'ai honte de vous laisser voir tant de faiblesse.

AMÉLIE.

Pourquoi vous contraindre? je comprends votre affliction ; elle est bien naturelle, et je regrette que mes relations datent de si peu de temps; j'aurais pu, à titre d'amie, de parente... vous calmer, vous consoler.

SAINT-VALERY.

Me consoler! jamais.

AMÉLIE, *à part.*

C'est singulier! sa voix me rappelle...

LAPLACE.

Permettez-moi de passer une instant dans mon étude. (*bas à Amélie.*) Un peu de pitié, madame la baronne, c'est presque une dette à acquitter. (*bas au comte.*) Du sang-froid surtout. (*à part en sortant.*) Ma foi, si je fais ce mariage-là, j'aurai bien gagné mes honoraires.

SAINT-VALERY, *à part.*

O mon courage, ne m'abandonne pas!

## SCENE XVI.

AMÉLIE, SAINT-VALERY.

SAINT-VALERY.

Que vous êtes bonne, madame, de daigner vous intéresser à mes peines! elles sont bien cruelles! Hélas! votre cœur me plaint... mais sans doute, votre raison me condamne, vous me traitez d'insensé

AMÉLIE.

Jugez-moi moins sévèrement, monsieur de Brémont : je conçois, et mieux qu'une autre peut-être, le chagrin cuisant d'une espérance déçue.

SAINT-VALERY.

Vous, madame?

AMÉLIE.

Oui, sans doute.

SAINT-VALERY.

J'entrevois dans cette touchante bonté un moyen délicat d'excuser ma faiblesse; non, jamais vous n'avez dû éprouver les regrets d'une séparation, le coup mortel d'une rupture.

AMÉLIE.

Vous n'en savez rien.

SAINT-VALERY.

Si jeune, si bien faite pour plaire!

AMÉLIE.

On peut souffrir à tout âge ; et j'en ai fait l'épreuve.

AIR *de Henri IV en famille.*

L'hymen n'eut pour moi que des fers,
L'amour me vit victime obéissante.
Ah! pour les maux que nous avons soufferts,
Notre ame est plus sensible et plus compatissante.

SAINT-VALERY.

Vous! se peut-il?

AMÉLIE.

On souffre plus d'un jour.
Hélas! le cœur a trop bonne mémoire.

SAINT-VALERY, *s'oubliant.*

Trahie ainsi par l'hymen et l'amour!
En vous voyant on a peine à vous croire.

(*Amélie baisse les yeux.*)

(*à part.*) Je m'oubliais déjà! (*haut.*) Ah! si vous saviez quel concours d'événemens vient me frapper! non, aucune position ne peut être comparée à la mienne... je l'aimais tant! j'avais tout lieu de croire que j'étais aimé de même. (*s'animant par degrés.*) Lui plaire, était mon unique soin, ses moindres caprices étaient pour moi des ordres sacrés.

AMÉLIE, *à part.*

Au moins, en voilà un qui sait aimer! (*haut.*) Les choses sont-elles donc tout-à-fait désespérées?

SAINT-VALERY.

Oh! tout-à-fait; et le plus cruel de mon malheur, c'est que je ne puis accuser que moi, je suis seul coupable.

AMÉLIE.

Vous!

SAINT-VALERY.

Oui; loin de cacher mes torts, je les avoue, je les publie.

AMÉLIE.

Des torts bien légers, sans doute?

SAINT-VALERY.

J'ai été ingrat, perfide.

AMÉLIE, *à part.*

Ils le sont tous. Au moins celui-là s'accuse lui-même, c'est de la franchise.

SAINT-VALERY.

Je voudrais, au prix de tout mon sang, ne l'avoir point offensée.

AMÉLIE.

Mais c'est donc bien grave?

SAINT-VALERY, *reprenant malgre lui sa voix naturelle.*

Jugez-en vous-même; j'aimais mademoiselle Desperrières,

je la voyais tous les jours, à tous les instans : ma passion augmenta; j'osai, après un mois de soins assidus, demander sa main, j'obtins l'agrément de sa famille ; elle voulut savoir si l'absence ne détruirait pas l'amour que j'avais pour elle ; elle m'ordonna de rester à Paris trois mois : trois mois d'exil qui devaient précéder mon bonheur ! Certain de ma tendresse, je promis, j'obéis en murmurant, je m'éloignai d'elle; mais elle avait eu la barbarie de m'ordonner encore de ne pas lui écrire, et là, à Paris, isolé, au milieu de cette foule, luttant avec ma passion plus forte que toutes les promesses du monde, je ne me sentis plus le courage de tenir ce cruel serment. Huit jours, hélas! s'étaient à peine écoulés... hier, j'arrive, seulement pour la conjurer d'abréger mon supplice; eh bien ! non, sa résolution est plus forte que sa tendresse, elle refuse de me recevoir, me fait dire par un notaire que celui qui a trahi ses sermens n'est plus digne de sa main. Voilà mes torts, madame : ils sont grands, je l'avoue; mais je vous laisse à juger s'ils méritaient une pareille punition, et si je ne suis pas le plus malheureux des hommes par la seule femme qui devait embellir mes destinées.

AMÉLIE, *à part.*

La singulière conformité !

SAINT-VALERY.

Je vois votre indignation; vous êtes bonne, vous, sensible, généreuse; vous ne concevez pas que l'on puisse faire un crime à un amant de l'excès même de son amour.

*(Amélie paraît incertaine, Laplace entre précipitamment.)*

## SCENE XVII.

LES MÊMES, LAPLACE.

LAPLACE, *accourant.*

Ah ! madame, vous me voyez dans le plus grand embarras.

AMÉLIE.

Qu'est-ce donc ?

LAPLACE.

Le comte de Saint-Valery... il n'y tient plus, il vient de tourner bride; il veut vous voir encore une fois, se jeter à vos pieds... il est sur mes pas.

AMÉLIE.

Grand Dieu !

SAINT-VALERY.

Saint-Valery est ici ?

LAPLACE.

Il est désespéré, hors de lui; c'est vraiment une fatalité, je ne sais aujourd'hui auquel entendre.

AMÉLIE, *troublée.*

Non, je ne le recevrai pas, je ne veux pas le voir; prenez un prétexte... éloignez-le. (*Elle veut se retirer.*)

SAINT-VALERY, *la retenant.*

Quoi! madame, c'était lui... Ah! permettez-moi de plaider à mon tour en sa faveur : en vous perdant il serait tout aussi malheureux que moi.

AMÉLIE.

N'insistez pas, monsieur de Brémont: votre ami trouve en vous un habile, un éloquent interprète; mais il a perdu ma confiance; il m'a trompée... et vous me trompez encore vous-même en sa faveur.

SAINT-VALERY, *se jetant à ses pieds.*

O ciel! moi vous tromper?

# SCENE XVIII.

LES MÊMES, JOSEPH, *accourant.*

JOSEPH.

Monsieur, il est là qui s'impatiente; voilà cinq grands quarts d'heure qu'il attend.

LAPLACE.

Eh! qui donc?

JOSEPH.

Monsieur de Brémont.

LAPLACE.

Allons!

AMÉLIE, *très agitée.*

Monsieur de Brémont! mais, monsieur, qui donc êtes-vous?

SAINT-VALERY.

Je plaide ma propre cause : Amélie, il n'est plus temps de feindre; oui, c'est moi.

AMÉLIE.

Saint-Valery!

SAINT-VALERY.

Oui, c'est moi; c'est l'amant le plus tendre, le moins coupable et le plus malheureux.

AMÉLIE.

Ah! comme ils m'ont trompée!.. Mais levez-vous donc, Saint-Valery.

SAINT-VALERY.

Est-ce la fière baronne qui commande, ou la tendre Amélie qui pardonne?

AMÉLIE.

C'est Amélie...

*(Elle tombe dans ses bras.)*

LAPLACE.

Qui est vaincue; et ce n'est pas sanspeine.

JOSEPH.

Ah! j'ai frémi pour mes deux louis.

LAPLACE, *s'essuyant le front.*

Eh bien! madame la baronne, convenez donc que si notre cœur nous guide, c'est aux yeux à nous éclairer. J'étais bien sûr qu'en vous voyant l'amour y trouverait son compte; et nous pouvons maintenant signer le contrat sans bandeau.

## *FINAL.*

SAINT-VALERY.

Air *de Galope.*

A celle que j'adore,
Que l'hymen, en ce jour,
N'enlève pas encore
Le bandeau de l'amour!

*ENSEMBLE.*

SAINT-VALERY.

A celle que j'adore,
Que l'hymen, en ce jour,
N'enlève pas encore
Le bandeau de l'amour.

LAPLACE *et* JOSEPH.

A celui qui l'adore
Qu'elle cède en ce jour;
Mais sans quitter encore
Le bandeau de l'amour!

AMÉLIE.

A l'époux qui m'adore,
Oui, je cède en ce jour;
Tous deux gardons encore
Le bandeau de l'amour.

AMÉLIE, *au public.*

AIR : *Vaudeville du Baiser au porteur.*

Plaire au public sans doute est un beau rêve,
Plus d'un auteur par ce songe est leurré ;
   Mais dès que le rideau se lève,
   Pour lui le voile est déchiré ;
Il tremble, il craint, il est désespéré.
   Le nôtre, sans perdre courage,
Attend ce soir, d'un public généreux,
   Que pour juger ce faible ouvrage,
Il gardera le bandeau sur les yeux.

*ENSEMBLE.*

   Pour juger ce modeste ouvrage,
Restez, messieurs, un bandeau sur les yeux !

FIN.

215

www.ingramcontent.com/pod-product-compliance
Ingram Content Group UK Ltd.
Pitfield, Milton Keynes, MK11 3LW, UK
UKHW021038180726
13838UKWH00004B/1883

9 782329 328614